Die individuelle Absicnerung

1   Die gesetzliche und die private Vorsorge

1.1   Die Verteilungsprinzipien

Das Subsidiaritätsprinzip zielt auf die Entfaltung der individuellen Fähigkeiten, auf Selbstbestimmung und Selbstverantwortung. Nur dann, wenn die Möglichkeiten des Einzelnen nicht ausreichen, soll der Staat durch **Hilfe zur Selbsthilfe** oder durch Übernahme von Aufgaben eingreifen.

Das Äquivalenzprinzip berechnet die Höhe der Abgaben des Einzelnen nach der Höhe der staatlichen Leistungen.

Wer bezieht alles staatliche Leistungen?

Im Jahr 1985 wurde bekannt, dass Marion Freisler eine Rente nach dem Bundesversorgungsgesetz und ab 1974 zusätzlich einen Berufsschadensausgleich bezog. Diese Ausgleichszahlung wurde damit begründet, dass im Falle Freisler unterstellt werden müsse, dass er, wenn er den Krieg überlebt hätte, als Rechtsanwalt oder Beamter des höheren Dienstes ein höheres Einkommen erzielt hätte. Trotz des erheblichen öffentlichen Aufsehens über diese Entscheidungen blieb es bei dieser Rentenzahlung für Freislers Witwe, da die Argumentation gesetzeskonform war. Erst nach Marion Freislers Tod wurde das Bundesversorgungsgesetz 1997 dahingehend ergänzt, dass Leistungen bei Verstößen gegen die Grundsätze der Menschlichkeit oder Rechtsstaatlichkeit versagt werden können.

aus: Wikipedia, siehe „Roland Freisler" im November 2021

Roland FREISLER (1893 – 1945) war ein deutscher Jurist, als Präsident des Volksgerichtshofes für etwa 2.600 Todesurteile verantwortlich, u. a. die Schauprozesse gegen die Widerstandgruppe „Weiße Rose" und die Widerstandskämpfer des HITLER-Attentats vom 20. Juli 1944, der am 3. Februar 1945 bei einem schweren Luftangriff auf Berlin ums Leben kam.

Holländische SS-Leute wollen Opfer-Rente

Amsterdam (SZ/Korr./fm). Opfer-Renten für Täter des Zweiten Weltkrieges? Absurder geht es nicht, und doch, so das Fernsehmagazin „Panorama", ist das gang und gäbe - während Hunderttausende Opfer oder deren Hinterbliebene keinen Pfennig sahen.

In den Niederlanden wurde auch darüber berichtet - mit Folgen. Plötzlich werden, so ein Bericht des „Algemeen Dagblad", die deutsche Botschaft in Den Haag sowie das Bonner Sozialministerium mit Anrufen von Niederländern überflutet, die auch so eine Spezialrente haben wollen. 392 Niederländer, die einst in den Reihen von Wehrmacht oder SS „dabei waren", erhalten schon jetzt so eine Pension in Höhe zwischen 720 bis 1 300 Gulden (ca. 650 bis 1 170 DM). Denn jeder, der sich beim organisierten Massenmord in deutscher Uniform verletzte, hat Anspruch auf bundesdeutsche Unterstützung.

Mehr als 20 000 Holländer hatten sich bei der Waffen-SS gemeldet. 8 000 kamen in deutschen Diensten um. 13 000 kehrten nach dem Krieg in die Heimat zurück.

In den vergangenen Tagen registrierten die Behörden so manchen dreisten Anruf - stets nach dem Motto: „Wo kann ich mein Geld denn nun endlich abholen?"

aus: „Sächsische Zeitung" vom 10. Februar 1997

Verwundete Soldaten besser entschädigt

Bundeswehrangehörige mit körperlichen oder seelischen Schäden können auf mehr Geld hoffen.

Berlin. Im Einsatz verwundete Bundeswehrsoldaten werden künftig deutlich besser entschädigt. Ein Soldat mit einem Verletzungsgrad von 50 Prozent soll einmalig 150 000 statt bisher 80 000 Euro erhalten. Die Schwelle für den Anspruch auf Weiterbeschäftigung wird von 50 auf 30 Prozent Erwerbsminderung gesenkt. Damit werden auch viele schwer traumatisierte Soldaten berücksichtigt. Ein entsprechendes Gesetz beschloss der Bundestag am Freitag einstimmig. Auch die bundeswehrkritische Linkspartei, die als einzige Fraktion Kampfeinsätze deutscher Soldaten regelmäßig ablehnt, stimmte zu.

300 000 Mann im Ausland

Auch die Angehörigen gefallener Soldaten sollen besser entschädigt werden. Wie viele Soldaten und Familienmitglieder von der Neuregelung profitieren werden, ist unklar. Seit Beginn der Auslandseinsätze der Bundeswehr vor 20 Jahren wurden mehr als 200 Soldaten bei Gefechten oder Anschlägen verletzt. Als 50-prozentige Schädigung – für die die Entschädigungssumme von 150 000 Euro gezahlt wird – gilt beispielsweise der Verlust einer Hand oder eines Unterschenkels.

Deutlich höher ist die Zahl psychischer Verletzungen. Die Verwicklung der Bundeswehr in Kämpfe in Afghanistan hat die Zahl der Traumatisierungen in die Höhe schnellen lassen. 2006 wurden noch 83 Fälle registriert, in diesem Jahr wurden alleine bis September 715 deutsche Soldaten mit posttraumatischen Belastungsstörungen behandelt.

Seit 1992 wurden rund 300 000 Bundeswehrsoldaten in Auslandseinsätze geschickt. (dpa)

aus: „Sächsische Zeitung" vom 29. Oktober 2011

1.2   Die Individualversicherungen

(auch: Privatversicherungen)

1.2.1 Die Notwendigkeit von Individualversicherungen

Durch die gesetzliche Sozialversicherung (Kranken-, Arbeits-losen-, Unfall-, Renten- und Pflegeversicherung) werden die Bürger vor den wirtschaftlichen Folgen von Krankheit, Erwerbs-losigkeit, (Arbeits-)Unfall und Alter geschützt. Wer nicht pflicht-versichert ist oder seinen Schutz verbessern will, kann dies durch eine private Versicherung tun.

Im Gegensatz zu den gesetzlichen Sozialversicherungen, die Pflichtversicherungen sind, werden die Individual-versicherungen (auch: Privatversicherungen) **freiwillig** abgeschlossen (Ausnahme: Kfz.-Haftpflichtversicherung).

Private Versicherungen der Deutschen 2018

82,8 % Haftpflichtversicherung
80,9 % Kfz.-Versicherung (Haftpflicht und/oder Kasko)
75,7 % Hausratversicherung
46,3 % Rechtsschutzversicherung
41,5 % Unfallversicherung
32 %   staatlich geförderte Rentenversicherung (Riester, Rürup)
28 %   Zusatzkrankenversicherung
26 %   sonstige Rentenversicherung
25,6 % Berufsunfähigkeitsversicherung
17,2 % Risikolebensversicherung

Quellen: Statistisches Bundesamt und Zahlenbilder 487 113

Privatversicherungen decken auch Bereiche ab, die von den Sozialversicherungen nicht erfasst werden, beispielsweise bei Privatunfällen.

Träger der Privatversicherungen sind Unternehmen, die Gewinn erzielen wollen.

Die **Beitragshöhe** richtet sich nach dem <u>Risiko</u> und dem <u>Versicherungsumfang</u>.
(Bei den Sozialversicherungen ist die Beitragshöhe vom Einkommen des Versicherten abhängig!)

Die Beiträge muss allein der Versicherte aufbringen. (Bei den Sozialversicherungen KV, RV, ALV und Pflegevers. teilen sich AN und AG hälftig.)
Neulinge müssen beispielsweise in der Kfz.-Versicherung eine höhere Prämie zahlen als Versicherte, die lange unfallfrei gefahren sind.
In der privaten Krankenversicherung ist es üblich, dass bei Nichtinanspruchnahme deren Dienste am Jahresende Prämien gezahlt werden.

Privatversicherungen

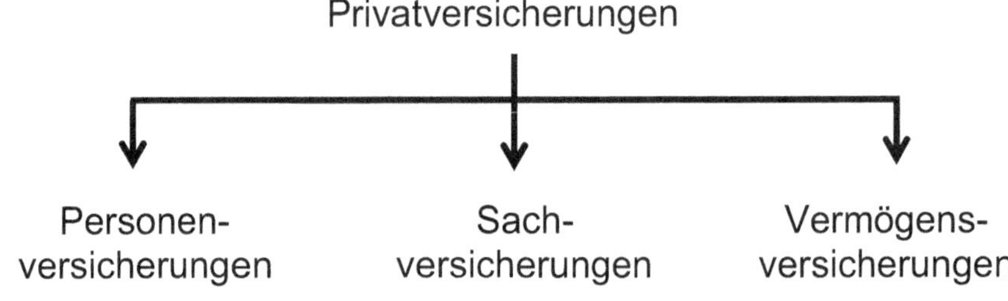

Personen-versicherungen	Sach-versicherungen	Vermögens-versicherungen
· Lebens-versicherung	· Leitungswasser-versicherung	· Privathaftpflicht versicherung
· private Kranken-versicherung	· Glasversicherung	· Berufshaftpflicht-versicherung
· private Unfall-versicherung	· Feuerversicherung	· Gebäudehaftpflicht-versicherung
· private Renten-versicherung	· Einbruch-/Dieb-stahlversicherung	· Kfz.-Haftpflichtvers.
· Berufsunfähigkeits-versicherung	= verbundene Haus-ratversicherung	· Tierhaftpflichtvers.
		· Rechtsschutzvers.

1.2.2 Die Personenversicherungen

… versichern Personen gegen Krankheit, Unfall und auf ihr Leben. Sie sind besonders wichtig für Personen, die nicht der Sozialversicherungs**pflicht** unterliegen (Selbstständige, Beamte, Freiberufler, besser verdienende AN) oder die eine Zusatzversicherung zur gesetzlichen Sozialversicherung anstreben.

Die **Lebensversicherung** versorgt den Versicherten im Alter oder seine Hinterbliebenen. Sie ist eine wichtige Altersvorsorge, da die gesetzlichen Renten weit unter den Nettobezügen der AN liegen.
- Bei der <u>Risiko-Lebensversicherung</u> erhalten Hinterbliebene die Versicherungssumme. Dadurch wird das finanzielle Risiko bei vorzeitigem Tod gemindert.
- Die <u>Kapital-Lebensversicherung</u> wird nicht nur für den Todesfall abgeschlossen. Bei vorzeitigem Tod erhalten die Hinterbliebenen die Versicherungssumme. Ansonsten erhält der Versicherte nach Ablauf der vereinbarten Vertragszeit diese Summe.

Die **private Krankenversicherung** übernimmt die Krankenkosten von Personen, die nicht krankenversichert sind (Selbstständige, Freiberufler und Beamte) und die besser verdienen (AN über der Beitragsbemessungsgrenze).
Teilweise werden Kosten übernommen, die durch die gesetzliche KV nicht abgedeckt werden: *volle* Erstattung bei Zahnersatz, Einzelzimmer im Krankenhaus, Tagegeld (bei Selbstständigen) und Lohnfortzahlung bei Krankheit.

Die **private Unfallversicherung** sichert den Versicherten oder dessen Angehörige bei privaten Unfällen (Freizeit, Straßenverkehr, Urlaub, Sport, Hobby usw.) zu jeder Tag- und Nachtzeit auf der ganzen Welt und in allen Lebensbereichen finanziell ab.

Bei Invalidität hilft zwar die gesetzliche Rentenversicherung. Allerdings sind bei Berufsanfängern die Ansprüche aus der gesetzlichen RV sehr gering oder noch nicht vorhanden. In diesen Fällen ist eine private Unfallversicherung sinnvoll.

Die **private Rentenversicherung** ergänzt für viele Bürger die Altersvorsorge, z. B. Riester-Rente, Rürup-Rente, betriebliche Altersvorsorge.

Die **Berufsunfähigkeitsversicherung** hilft AN, wenn diese berufs- oder erwerbsunfähig werden, z. B. Stimme-Verlust bei Sängern oder Lehrern, Depressionen oder Burnout.

1.2.3 <u>Die Sachversicherungen</u>

… versichern Sachen gegen Leitungswasser, Glasbruch, Feuer, Einbruch, Diebstahl, Naturkatastrophen usw.

Die **Leitungswasserversicherung** übernimmt Leitungswasserschäden im eigenen Haus und an der Einrichtung, z. B. durch Bruch der Zu- oder Abwasserrohre sowie Heizungs- und Warmwasserrohre, defekte Feuerlöschanlagen, Armaturen in Bad und Küche, beschädigte Boiler, Bad- und Sanitäranlagen.

Die **Glasversicherung** übernimmt Schäden an den im Versicherungsvertrag angegebenen Glasflächen, z. B. Fenster, Türen, Duschkabinen, Balkone und Wintergärten.

Die **Feuerversicherung** übernimmt Schäden, die durch Brand, Explosion, Blitzschlag und Anprall/Absturz von Luftfahrzeugen sowie durch Löschen eingetreten sind.

Die **Einbruch-/Diebstahlversicherung** kommt für Schäden auf, die beim Einbruch gestohlen oder beschädigt wurden.

Die **verbundene Hausratversicherung** beinhaltet die vier o. g. Versicherungen in einem Vertrag.

Witz:
Bauer Meier hat sich endlich dazu überreden lassen, auf seinen Hof eine Feuerversicherung abzuschließen. Ehe er die Police unterschreibt, fragt er noch einmal: „Wenn jetzt mein Hof abbrennt, bekomme ich eine halbe Million Euro, stimmt's?" – „Natürlich", versichert der Vertreter. „Vorausgesetzt, dass Sie den Hof nicht selbst angezündet haben." – „Aha!", schimpft Meier, „Da haben wir schon den Schwindel!"

Die Versicherungsnehmer sollten darauf achten, dass bei allen Sachversicherungen die Versicherungswerte den Versicherungssummen entsprechen, also nicht unterversichern, aber auch nicht überversichern:

Versicherungs-summe 50.000 €	=	Versicherungs-wert 50.000 €	←	**vollversichert** Der entstandene Schaden wird zu 100 % ersetzt.
Versicherungs-summe 30.000 €	<	Versicherungs-wert 50.000 €	←	**unterversichert** Der entstandene Schaden wird nur zu 60 % ersetzt.
Versicherungs-summe 80.000 €	>	Versicherungs-wert 50.000 €	←	**überversichert** Der Schaden wird zu 100 % ersetzt. Es wird zu viel Prämie gezahlt.

1.2.4   Die Vermögensversicherungen

… schützen das Vermögen des Versicherten vor Schaden-ersatzansprüchen.

Die **Haftpflichtversicherungen** decken Schäden, die der Versicherte einem Dritten zufügte:
- die Privathaftpflichtversicherung
  - z. B.: Ein Kunde wirft im Kaufhaus versehentlich eine teure Vase um.
  - z. B.: Versehentlich rempelt man jemand an, dem das teure Smartphone herunterfällt.
  - z. B.: Die kurze Zeit unbeaufsichtigten Kinder zerstören eine riesige Schaufensterscheibe.
  - z. B.: Man verliert den Wohnungsschlüssel des Nachbarn.
- die Berufshaftpflichtversicherung
  - z. B.: Dritte kommen durch die eigene berufliche Tätigkeit oder durch die Fehler eines Mitarbeiters zu Schaden, z. B. Ärzte, Anwälte, Steuerberater.
  - z. B.: Ein Elektriker installiert fehlerhaft, dadurch entstehen Schäden.
- die Gebäudehaftpflichtversicherung
  - z. B.: Eine schadhafte Treppe verursacht einen gefährlichen Sturz.
  - z. B.: Ein Dachziegel fällt auf ein vor dem Haus parkendes Auto.
  - z. B.: Der Briefträger rutscht beim Zustellen der Post auf dem mit feuchten Laub bedeckten Weg vorm Haus aus.
  - z. B.: Ein wegen eines Sturms (mindestens Windstärke 8) umgefallener Baum zerstört die Gartenlaube.
- die Kfz.-Haftpflichtversicherung ist eine Pflichtversicherung, wenn man ein Fahrzeug anmeldet. Ohne diese Versicherung ist das Fahrzeug nicht für den Straßenverkehr zugelassen. Einige Versicherungen bieten Berufsgruppenrabatt (für

Berufsgruppen, deren Arbeitsplätze als gesichert gelten, z. B. Beamte) oder Alleinfahrerrabatt an.

z. B.: Ein Bürger verschuldet einen Verkehrsunfall.

- die Tierhaftpflichtversicherung
Wenn das Tier andere Personen oder deren Eigentum beschädigt.

z. B.: Ein Hund beißt einen Passanten.

z. B.: Flurschäden bei Reit- und Zugtieren

z. B.: Während des Urlaubs lässt der Gast seine Katze allein im Hotelzimmer, um Mittag zu essen. In dieser Zeit zerkratzt die Katze das Ledersofa und reißt den Fernseher vom Tisch.

Wer keine Haftpflichversicherung besitzt, haftet mit seinem gesamten Vermögen und riskiert den persönlichen Ruin.

Vergeblich: Betrüger opfert zwei Finger

Würzburg. Ein 58-jähriger Mann ist zu einer eineinhalbjährigen Bewährungsstrafe verurteilt worden, weil er für einen Versicherungsbetrug zwei Finger geopfert hatte.

Der Angeklagte hatte gestern überraschend gestanden, den ehemaligen Lebensgefährten seiner Tochter beauftragt zu haben, ihm Daumen und Zeigefinger der linken Hand mit Motorsäge und Bolzenschneider abzutrennen. Bei zwei Versicherungsfirmen mit privaten Unfallversicherungen hatte der Hauptangeklagte dann behauptet, er habe die Gliedmaßen bei Sägearbeiten verloren. Die Versicherungen hatten dem achtfachen Vater daraufhin jeweils rund 21 000 Euro ausgezahlt. (ddp)

aus: „Sächsische Zeitung" vom 11. September 2003

Die **Rechtsschutzversicherung** hilft, eigene Rechtsansprüche durchzusetzen und fremde Ansprüche abzuwehren. Sie übernimmt die Anwalts- und die Gerichtskosten einschließlich der Entschädigung für die Zeugen und Sachverständige.

2 Der eigene Haushaltsplan

2.1 Der Aufbau und die Ziele eines Haushaltsplans

Mithilfe eines Haushaltsplans (auch: Haushaltsbuch) behält man den Überblick über die eigenen Finanzen. Darin werden alle Einnahmen und Ausgaben erfasst und gegenübergestellt. So wird verhindert, über die eigenen Verhältnisse zu leben, also mehr Geld auszugeben als man besitzt.

2.2 Die individuelle Vermögensbildung

→ Jan Böhmermann im ZDF Magazin Royale: DVAG: Karriere, Erfolg & finanzieller Ruin (Dauer: 21:30 Minuten) https://www.youtube.com/watch?v=KUdcTGQvhKI&t=19s

2.3 Der Kreditvertrag

2.3.1 Die Gegenüberstellung Ratenkredit und Dispokredit

Für Kredite gibt es drei unterschiedliche Tilgungsarten:

- **Festdarlehen** (auch: endfälliges Darlehen):
Der Kreditnehmer zahlt Darlehen am Ende der Laufzeit in einer Summe zurück.
→ mathematisch nur von geringem Interesse

- **Abzahlungsdarlehen** (auch: Ratentilgung):
Die Tilgung erfolgt mit gleich bleibenden Tilgungsraten. Der Kreditnehmer erbringt jährlich fallende Leistungen (= Zinsen + Tilgungsrate).

- **Annuitätendarlehen** (auch: Tilgungs- oder Amortisations-
  darlehen):
  $\rightarrow$ Annuität ist die Summe aus jährlicher Zins- und Tilgungs-
    leistung.
  Der Kreditnehmer erbringt <u>jährlich gleich bleibende</u>
  Leistungen, die in monatlichen oder vierteljährlichen festen
  Raten (die so genannte Annuität) gezahlt werden.

2.3.2 Die Ratentilgung

Der Kreditnehmer erbringt <u>jährlich fallende</u> Leistungen (=
Zinsen + Tilgungsrate).
Die Tilgung erfolgt mit gleich bleibenden Tilgungsraten.

1.) Ein Unternehmen soll einen Kredit in Höhe von 800.000
Euro in fünf gleich großen Tilgungsraten zurückzahlen.
Der Zinssatz beträgt 6,5 % p. a. Erstellen Sie einen
Tilgungsplan!
Wie viel Euro sind insgesamt an Zinsen zu zahlen?
Wie hoch ist die zu zahlende Gesamtleistung im 5. Jahr?

Jahr	(Rest-) Schuld	Zinsen 6,5 %	Tilgungs- rate	Gesamt- leistung	Rest- schuld
1	800.000	52.000	160.000	212.000	640.000
2	640.000	41.600	160.000	201.600	480.000
3	480.000	31.200	160.000	191.200	320.000
4	320.000	20.800	160.000	180.800	160.000
5	160.000	10.400	160.000	170.400	0
		156.000		956.000	

Das Unternehmen (der Kreditnehmer) erbringt <u>jährlich
fallende</u> Leistungen: 212.000 Euro (1. Jahr), 201.600
Euro (2. Jahr), 191.200 Euro (3. Jahr) usw.

2.3.3 <u>Die Annuitätentilgung</u>

Annuität ist die Summe aus jährlicher Zins- und Tilgungsleistung.

Der Kreditnehmer erbringt <u>jährlich gleich bleibende</u> Leistungen, die in monatlichen oder vierteljährlichen festen Raten (die so genannte Annuität) gezahlt werden.

2.) | Ein Unternehmen soll einen Kredit in Höhe von 800.000 Euro in gleich großen Jahresraten zurückzahlen. Der Zinssatz beträgt 6,5 % p. a., der Anfangstilgungssatz beträgt 20 % p. a. (a) und 10 % p. a. (b). Wie hoch ist …
a) … die zu zahlende Gesamtleistung im 5. Jahr?
b) … die zu zahlende Gesamtleistung im 8. Jahr?

a) Anfangstilgungsrate = 20 % von 800.000 Euro
= 160.000 Euro

Zinsen = 6,5 % von 800.000 Euro
= 52.000 Euro

Annuität = Zinsen + Tilgungsrate
= 52.000 Euro + 160.000 Euro
= 212.000 Euro

Jahr	(Rest-) Schuld	Zinsen 6,5 %	Tilgung + gesparte Zinsen	Annuität	Rest-schuld
1	800.000	52.000	160.000	212.000	640.000
2	640.000	41.600	170.400	212.000	469.600
3	469.600	30.524	181.476	212.000	288.124
4	288.124	18.728	193.272	212.000	94.852
5	94.852	6.165	94.852	101.017	0
		149.017		949.017	

b)   Anfangstilgungsrate = 10 % von 800.000 Euro

                                        = 80.000 Euro

                Zinsen = 6,5 % von 800.000 Euro

                           = 52.000 Euro

            Annuität =   Zinsen   + Tilgungsrate

                     = 52.000 Euro + 80.000 Euro

                     = 132.000 Euro

Jahr	(Rest-) Schuld	Zinsen 6,5 %	Tilgung + gesparte Zinsen	Annuität	Rest- schuld
1	800.000	52.000	80.000	132.000	720.000
2	720.000	46.800	85.200	132.000	634.800
3	634.800	41.262	90.738	132.000	544.062
4	544.062	35.364	96.636	132.000	447.426
5	447.426	29.083	102.917	132.000	344.509
6	344.509	22.393	109.607	132.000	234.902
7	234.902	15.269	116.731	132.000	118.171
8	118.171	7.681	118.171	125.852	0
		249.852		1.049.852	

3.)   Ein Unternehmen soll einen Kredit in Höhe von 800.000 Euro in gleich großen Jahresraten zurückzahlen. Der Zinssatz beträgt 6,5 % p. a.

a) Wie groß ist die zu zahlende Leistung im 5. Jahr, wenn in den Jahren davor jeweils 200.000 Euro Annuität gezahlt wurden?

b) Wie hoch ist die anfängliche Tilgung?

Jahr	(Rest-) Schuld	Zinsen 6,5 %	Tilgung + gesparte Zinsen	Annuität	Rest- schuld
1	800.000	52.000	148.000	200.000	652.000
2	652.000	42.380	157.620	200.000	494.380

3	494.380	32.135	167.865	200.000	326.515
4	326.515	21.223	178.777	200.000	147.738
5	147.738	9.603	147.738	157.341	0
		157.341		957.341	

b)   Tilgung $= \dfrac{148.000}{800.000} = 18{,}5\,\%$

4.) Ein Unternehmen soll einen Kredit in Höhe von einer Million Euro mit gleich bleibender Annuität zurückzahlen. Der Zinssatz beträgt 6 % p. a., die anfängliche Tilgung 1 %. (Anmerkung: Die Zinsen immer auf volle Euro runden.)

Wie viel Euro beträgt die jährliche Annuität?

Wie groß ist die Restschuld nach 4, 7 und 10 Jahren?

Jahr	(Rest-) Schuld	Zinsen 6 %	Tilgung + gesparte Zinsen	Annuität	Rest-schuld
1	1.000.000	60.000	10.000	70.000	990.000
2	990.000	59.400	10.600	70.000	979.400
3	979.400	58.764	11.236	70.000	968.164
4	968.164	58.090	11.910	70.000	956.254
5	956.254	57.375	12.625	70.000	943.629
6	943.629	56.618	13.382	70.000	930.247
7	930.247	55.815	14.185	70.000	916.062
8	916.062	54.964	15.036	70.000	901.026
9	901.026	54.062	15.938	70.000	885.088
10	885.088	53.105	16.895	70.000	868.193
:	:	:	:	:	:

5.) Ein Unternehmen soll einen Kredit in Höhe von einer Million Euro mit gleich bleibender Annuität zurückzahlen. Der Zinssatz beträgt 6 % p. a., die anfängliche Tilgung 1 %, die Verwaltungskosten 0,25 % vom ursprünglichen Kreditbetrag. (Anmerkung: Die Zinsen immer auf volle Euro runden.)

Wie groß ist die Gesamtzahlungsleistung im 1. Jahr?

Wie groß ist die Restschuld nach fünf Jahren?

Jahr	(Rest-) Schuld	Zinsen 6 %	Tilgung + gesparte Zinsen	Annuität	Rest- schuld
1	1.000.000	60.000	10.000	70.000	990.000
2	990.000	59.400	10.600	70.000	979.400
3	979.400	58.764	11.236	70.000	968.164
4	968.164	58.090	11.910	70.000	956.254
5	956.254	57.375	12.625	70.000	943.629
:	:	:	:	:	:

Verwaltungskosten:

$$= 0{,}25 \text{ \% von } 1.000.000 \text{ Euro}$$

$$= 2.500 \text{ Euro}$$

Gesamtleistung im 1. Jahr:

$$= \text{ Annuität } + \text{ Verwaltungskosten}$$

$$= 70.000 \text{ Euro } + \quad 2.500 \text{ Euro}$$

$$= 72.500 \text{ Euro}$$

6.) Ein Hausbauer soll einen Kredit in Höhe von 500.000 Euro mit gleich bleibender Annuität zurückzahlen. Der Zinssatz beträgt 5 % p. a., die anfängliche Tilgung 1 %, die Verwaltungskosten 0,25 % vom ursprünglichen Kreditbetrag.

(Anmerkung: Die Zinsen immer auf volle Euro runden.)

Wie viel Euro beträgt die jährliche Annuität?

Wie groß ist die Gesamtzahlungsleistung im 1. Jahr?

Wie groß ist die Restschuld nach fünf Jahren?

Jahr	(Rest-) Schuld	Zinsen 5 %	Tilgung + gesparte Zinsen	Annuität	Rest- schuld
1	500.000	25.000	5.000	30.000	495.000
2	495.000	24.750	5.250	30.000	489.750
3	489.750	24.488	5.512	30.000	484.238
4	484.238	24.212	5.788	30.000	478.450
5	478.450	23.923	6.077	30.000	472.373
:	:	:	:	:	:

Verwaltungskosten:

$$= 0,25 \text{ % von } 500.000 \text{ Euro}$$

$$= 1.250 \text{ Euro}$$

Gesamtleistung im 1. Jahr:

$$= \text{Annuität} + \text{Verwaltungskosten}$$

$$= 30.000 \text{ Euro} + 1.250 \text{ Euro}$$

$$= 31.250 \text{ Euro}$$

7.) | Ein Hausbauer will einen Kredit in Höhe von 500.000 Euro in 10 Jahren in gleich großen Tilgungsraten zurückzahlen. Der Zinssatz beträgt 5 % p. a., die Verwaltungskosten 0,25 % vom ursprünglichen Kreditbetrag. (Anmerkung: Die Zinsen auf volle Euro runden, Annuitäten auf volle 500 Euro.)

Wie groß ist die jährliche Tilgung?
Wie groß sind die Verwaltungskosten?
Wie groß ist die Zahlungsleistung im 1. Jahr?
Wie groß ist die Restschuld nach fünf Jahren?
Wie groß ist die Zahlungsleistung im 10. Jahr?
Wie viel Zinsen wurden insgesamt bezahlt?

Jahr	(Rest-) Schuld	Zinsen 5 %	Tilgung + gesparte Zinsen	Annuität	Rest- schuld
1	500.000	25.000	50.000	75.000	450.000
2	450.000	22.500	50.000	72.500	400.000
3	400.000	20.000	50.000	70.000	350.000
4	350.000	17.500	50.000	67.500	300.000
5	300.000	15.000	50.000	65.000	250.000
6	250.000	12.500	50.000	62.500	200.000
7	200.000	10.000	50.000	60.000	150.000
8	150.000	7.500	50.000	57.500	100.000
9	100.000	5.000	50.000	55.000	50.000
10	50.000	2.500	50.000	52.500	0
		137.500		637.500	

Verwaltungskosten:

$\qquad$ = 0,25 % von 500.000 Euro

$\qquad$ = 1.250 Euro

Gesamtleistung im 1. Jahr:

$\qquad$ =   Annuität   + Verwaltungskosten

$\qquad$ = 75.000 Euro +   1.250 Euro

$\qquad$ = 76.250 Euro

2.4   Die Überschuldung

Eine Person ist verschuldet, wenn sie zwar Schulden hat, diese aber vereinbarungsgemäß zurückzahlen kann.

Eine Person ist überschuldet, wenn sie nicht mehr in der Lage ist, die fälligen Zahlungsverpflichtungen zu erfüllen, z. B. können die Kreditraten, die Miete, die Unterhaltsverpflichtungen, fällige Rechnungen für Einkäufe, die Energieabrechnung, die Telefongebühren nicht mehr bezahlt werden.

Die Zahl der überschuldeten Personen in Deutschland sank 2020 gegenüber dem Vorjahr um 69.000 (-0,13 %) auf 6,85 Mio. Verbraucher (9,87 %) in 3,42 Mio. Haushalten.

<pre>
2011: 6,41 Mio. Personen (9,38 %) / 3,21 Mio. Haushalte)
2012: 6,59 Mio. Personen (9,65 %) / 3,31 Mio. Haushalte)
2013: 6,58 Mio. Personen (9,81 %) / 3,30 Mio. Haushalte)
2014: 6,67 Mio. Personen (9,90 %) / 3,34 Mio. Haushalte)
2015: 6,72 Mio. Personen (9,92 %) / 3,34 Mio. Haushalte)
2016: 6,85 Mio. Personen (10,06 %) / 3,40 Mio. Haushalte)
2017: 6,91 Mio. Personen (10,04 %) / 3,45 Mio. Haushalte)
2018: 6,93 Mio. Personen (10,04 %) / 3,46 Mio. Haushalte)
2019: 6,92 Mio. Personen (10,00 %) / 3,46 Mio. Haushalte)
2020: 6,85 Mio. Personen (9,87 %) / 3,42 Mio. Haushalte)
</pre>

Quelle: SchuldnerAtlas Deutschland 2020

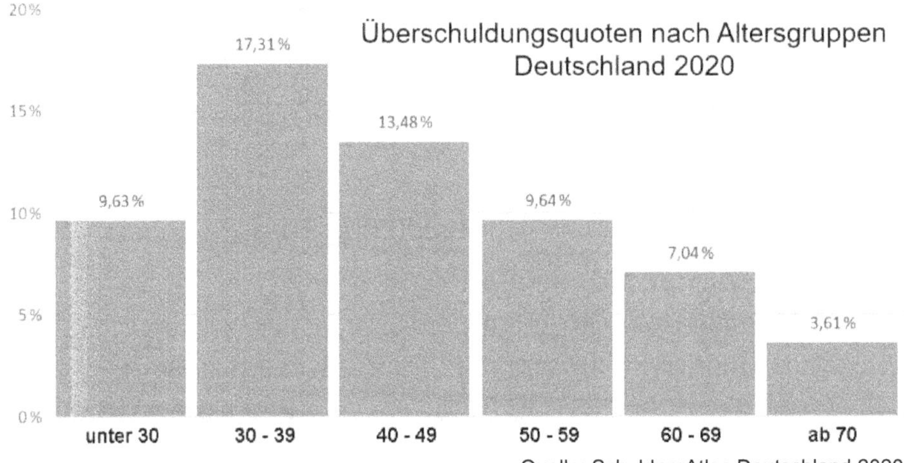

Quelle: SchuldnerAtlas Deutschland 2020

Die Zahl der überschuldeten Personen in Deutschland 2020

Bremen	13,97 %	Niedersachsen	10,19 %
Sachsen-Anhalt	12,62 %	Rheinland-Pfalz	10,06 %
Berlin	12,02 %	Hessen	9,95 %
Nordrhein-Westfalen	11,63 %	Sachsen	9,66 %
Saarland	11,60 %	Brandenburg	9,64 %
Schleswig-Holstein	10,69 %	Thüringen	9,14 %
Hamburg	10,53 %	Baden-Württemberg	8,11 %
Mecklenburg-Vorpommern	10,46 %	Bayern	7,14 %

Quelle: SchuldnerAtlas Deutschland 2020

Hauptauslöser für Überschuldungsprozesse waren 2018

20 % Arbeitslosigkeit
16 % Erkrankung/Sucht/Unfall
13 % Trennung, Scheidung, Tod des Partners
13 % unwirtschaftliche Haushaltführung
9 % gescheiterte Selbstständigkeit
8 % längerfristiges Niedrigeinkommen
3 % Zahlungsverpflichtung aus Bürgschaft, Übernahme usw.
2 % Geburt eines Kindes
2 % Haushaltsgründung
17 % sonstige

Quelle: Zahlenbilder 463 833

Wichtige Anlaufstellen für ver- und überschuldete Personen sind die Schuldnerberatungsstellen der Städte und Landkreise, kostenlose Online-Schuldnerberatung, die Caritas (katholische Kirche), die Arbeiterwohlfahrt (AWO), das Deutsche Rote Kreuz (DRK), …

In Deutschland wurde 1999 das Insolvenzrecht reformiert. Seitdem ist es Verbrauchern und Kleinunternehmern erstmals möglich, in einem geordneten Verfahren von ihren Schulden befreit zu werden und wirtschaftlich neu zu starten.

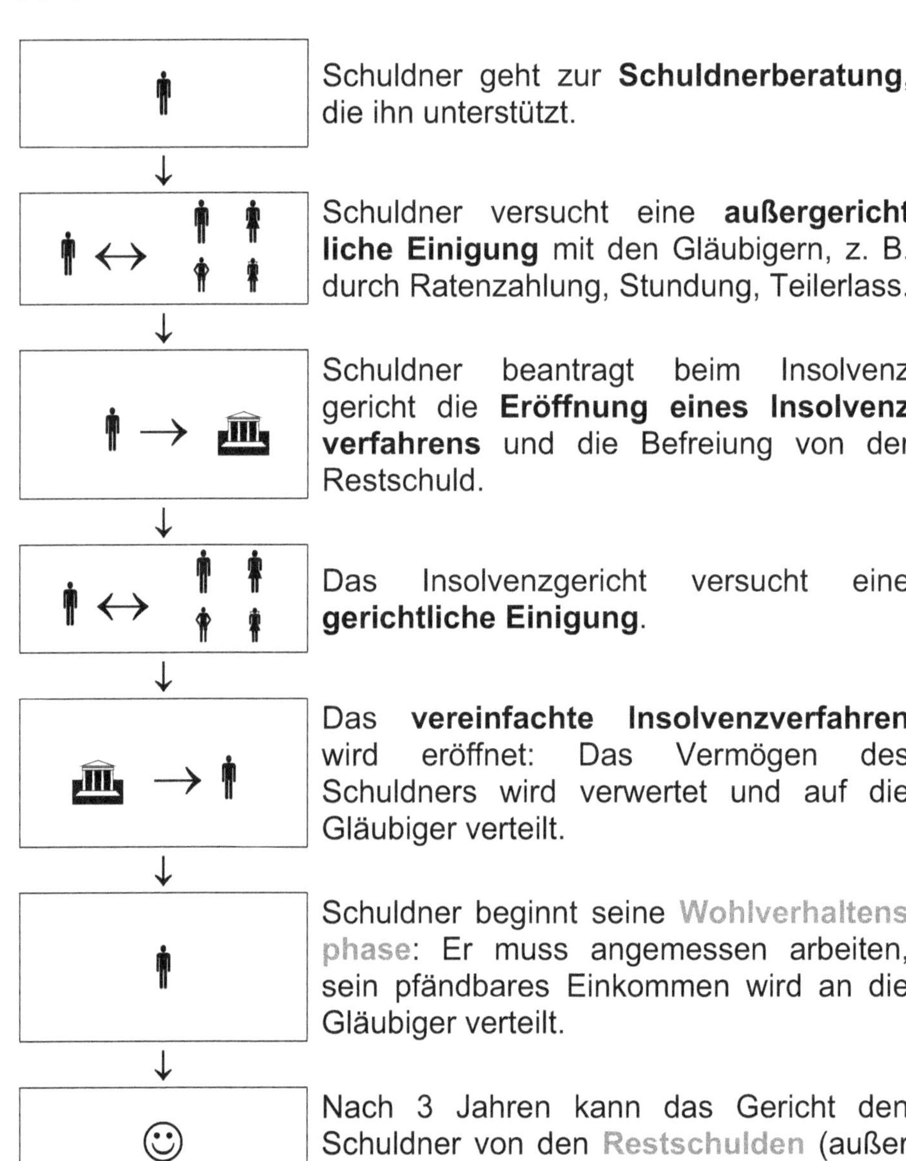

Schuldner geht zur **Schuldnerberatung**, die ihn unterstützt.

Schuldner versucht eine **außergerichtliche Einigung** mit den Gläubigern, z. B. durch Ratenzahlung, Stundung, Teilerlass.

Schuldner beantragt beim Insolvenzgericht die **Eröffnung eines Insolvenzverfahrens** und die Befreiung von der Restschuld.

Das Insolvenzgericht versucht eine **gerichtliche Einigung**.

Das **vereinfachte Insolvenzverfahren** wird eröffnet: Das Vermögen des Schuldners wird verwertet und auf die Gläubiger verteilt.

Schuldner beginnt seine Wohlverhaltensphase: Er muss angemessen arbeiten, sein pfändbares Einkommen wird an die Gläubiger verteilt.

Nach 3 Jahren kann das Gericht den Schuldner von den Restschulden (außer Steuer- und Unterhaltsschulden) befreien.